Holly Webb

Cookie findet ein Zuhause

Bd. 12

Cookie findet ein Zuhause

Von Holly Webb
Mit Illustrationen von Sophy Williams

Verlag an der
ESTE

Für Kitty

Alle deutschen Rechte bei
Verlag an der ESTE GmbH, Buxtehude 2016

Originaltitel: The Abandoned Puppy
Erstveröffentlichung 2013 durch: Stripes Publishing, London
Übersetzung: Dr. Michael Haupt

Herstellung: Das Herstellungsbüro, Hamburg
Druck: GGP Media GmbH, Pößneck

ISBN 978-3-86865-256-7

Erstes Kapitel

Der kleinste der drei Welpen, ein Hundemädchen, wimmerte leise. Der Pappkarton hatte aufgehört, sich zu bewegen, aber es war niemand gekommen, um sie herauszuholen, und es war so dunkel. Sie mochte das nicht. Sie wusste nicht, wo ihre Mutter war, und sie hatte Hunger.

Erschrocken und erstaunt quiekte sie auf, als ein grummelndes Geräusch den Karton erzittern ließ. Er schien sich wieder zu bewegen, schwankte hin und her und rutschte dann über den Boden. Als es um eine scharfe Kurve ging, wurden ihre Brüder gegen sie geschleudert, und sie prallte gegen die Seitenwand.

Die Reise schien endlos zu dauern, aber sie konnte sich nicht einmal zusammenrollen, um zu schlafen. Gerade wenn sie es sich bequem gemacht hatte, fing die Kiste wieder an zu rutschen, und sie purzelten alle übereinander. Aber es war anders als ihr wildes Balgen im großen Korb zu Hause. Hier tat es weh, und sie konnten sich nicht an die Mutter kuscheln, wenn sie nicht mehr weiterspielen wollten.

Jetzt wurde sie in die äußerste Ecke gedrückt und versuchte ängstlich, ihre Brüder mit den Pfoten wegzuschieben. Sie saßen schon wieder auf ihr drauf! Dann merkte sie, dass es vorbei war – die Kiste stand still. Ihre Brüder standen vorsichtig auf. Sie lauschten und zuckten leicht zusammen, als sich die Heckklappe des Autos mit quietschendem Zischen öffnete. Dann wurde die Kiste in die frische Luft hinausgehoben und mit einem heftigen Rums abgesetzt.

Danach das Geräusch von Schritten, die sich eilig entfernten. Nun waren sie wieder alleine.

„Können wir losgehen, Lea? Bist du fertig?“ Tante Jo stand in der Eingangstür des Reihenhauses, in dem Lea wohnte. Sie trug Gummistiefel und ihre Fleecejacke mit dem Abzeichen vom Tierheim „Wiesengrund“.

„Ja, komme schon!“ Lea kam eilig den Flur entlanggelaufen und stopfte noch eine Tüte mit Trockenaprikosen, die ihre Mutter hinten im Küchenschrank gefunden hatte, in die Frühstücksdose. Ihre Mutter und sie hatten ganz vergessen, dass Lea diese Woche Lunchpakete brauchte, und so hing ihr Essen ein bisschen vom Zufall ab. Immer mal wieder gab es Toast mit Marmelade, aber das mochte sie sowieso gerne!

„Wo ist deine große Schwester?“, fragte

Tante Jo und spähte durch den Flur zur Küche hinüber.

„Kira? Die schläft noch." Lea schüttelte den Kopf. „Sie hält mich für verrückt, weil ich so früh aufstehe, um mit dir loszugehen, wo ich doch ausschlafen könnte."

„Na ja, wenn du bei ihr zu Hause bliebest, würdest du die ganzen Osterferien nur vorm Fernseher hocken!", rief ihre Mama. „Da ist es im Tierheim wirklich besser!"

„Ich hab alles gehört!" Kiras Stimme kam aus dem ersten Stock. „Ich schlafe nicht und gucke auch kein Fernsehen. Ich lerne! Im Bett! Bis später, Tante Jo. Ich komm nachher vorbei und hol Lea ab."

Kira hatte demnächst ihre Schulabschlussprüfungen, also wiederholte sie den Stoff fleißig. Lea war richtig froh, dass sie Tante Jo im Tierheim helfen konnte – normalerweise ging sie da nur nach der

Schule hin. Zu Hause wäre es langweilig geworden: Kira saß über den Büchern, und Mama musste jeden Tag zur Arbeit, konnte sich keinen Tag freinehmen. Manchmal verbrachte Lea nach der Schule den Tag mit ihrer Freundin Becky, aber die war über die Ferien zu ihrer Oma nach Schottland gereist.

„Schön, dass ich den ganzen Tag dabei sein darf", meinte Lea, als sie mit der Tante zum Tierheim ging, das zehn Minuten von Leas Haus entfernt lag.

„Das geht schon in Ordnung!" Tante Jo sah Lea an und grinste. „Faulenzen ist nicht drin, es gibt jede Menge für dich zu tun. Der Auslauf für die Hunde muss sauber gemacht werden, die Katzen brauchen ein Bad, und für die Meerschweinchen könntest du vielleicht kleine Pullover stricken …" Sie blickte in Leas besorgtes Gesicht. „Okay, ich mach nur Spaß! Aber es gibt wirklich genug zu tun. Du kannst dich nützlich machen, versprochen! Vor allem solltest du, wenn es nicht zu nass ist, mit den Hunden rausgehen.

Am Wochenende kommen sie nicht viel nach draußen, weil wir da die meisten Besucher haben. Sie werden sich wahnsinnig freuen, frei rumlaufen zu können."

„Wiesengrund" war ein ziemlich kleines Tierheim, das aber alle möglichen Tiere aufnahm. Die Mitarbeiter waren sehr bemüht, für sie ein neues Zuhause zu finden, doch das war nicht immer einfach. Tante Jo arbeitete dort seit drei Jahren. Damals war sie Sprechstundenhilfe bei einem Tierarzt im Ort gewesen und hatte in dem Tierheim nach einer Katze für sich gesucht. Sie hatte den wunderhübsch getigerten Barnie gefunden und sich dann entschlossen, in ihrer Freizeit im Tierheim auszuhelfen. Dann wurde eine Leiterin gesucht, und sie hatte nicht gezögert. Lea war begeistert gewesen.

„Hast du ein Glück. Jeden Tag bist du da

und kannst dich um all die Hunde kümmern“, seufzte Lea. „Wenn ich älter bin, werde ich auch in einem Tierheim arbeiten. Oder vielleicht werde ich Tierärztin“, fügte sie nachdenklich hinzu.

Tante Jo lächelte ihr zu. „Es ist schön, im Tierheim zu arbeiten“, stimmte sie zu. „Aber manchmal ist es auch traurig. Wenn ich sehe, wie einige Leute ihre Tiere behandeln, könnte ich wütend werden. Allerdings ist es nicht immer die Schuld der Besitzer. Viele lieben ihren Hund oder ihre Katze, aber sie können sich nicht mehr so wie früher darum kümmern. Das bricht mir schon das Herz.“ Sie seufzte. „Am liebsten würde ich sie alle mit nach Hause nehmen. Aber vier Katzen sind mehr als genug.“

Es hatte nicht lange gedauert, bis Barnie Gesellschaft bekam. Tante Jo war ganz verrückt nach großen Katzen mit flauschigem Fell.

„Mmhmm. Hat denn jemand am Wochenende einen Hund oder eine Katze mitgenommen?“, fragte Lea. Sie hörte gerne zu, wenn die Tante erzählte, wo die Tiere hingekommen waren. Manchmal malte sie sich aus, selbst in so einer Geschichte vorzukommen. Sie hätte am liebsten einen Hund aus dem Tierheim gehabt, aber sie wusste, dass das nicht ging. Es wäre nicht fair, den Hund allein zu Haus zu lassen, während Mama arbeiten ging. Und Kira mochte Hunde nicht besonders. Als sie vier Jahre alt war, hatte ein riesiger Berner Sennenhund sie durch den Park gejagt. Mama und sie waren auf dem Weg zum Kindergarten, und Kira hatte ihren Roller dabei. Der Hund hatte nur spielen wollen, aber Kira wusste das natürlich nicht und war vom Roller gefallen, als sie ihm davonfahren wollte. Seitdem hatte sie Angst vor Hunden.

„Edward ist am Wochenende abgeholt worden!“, bemerkte Tante Jo. „Endlich! Ich freue mich so, Lea. Ich dachte schon, er findet nie ein Zuhause!“ Lea lächelte.

Edward gehörte zu den älteren Hunden – eine Bulldogge. Viele Leute hielten Bulldoggen wegen ihres Aussehens für gefährlich. Die meisten wollten einen süßen kleinen Welpen haben, aber Edward war in Wirklichkeit sanft und umgänglich.

„Ein älterer Herr kam herein“, fuhr Tante Jo fort. „Herr Johnson. Er wollte keinen anderen Hund als Edward. Er sagte, er habe immer Bulldoggen gehabt, und Edward sei einfach umwerfend. Er sei eine Wucht – das genau hat er gesagt.“

Lea kicherte. „Hoffentlich ist er nicht zu umwerfend. Er ist etwas ungeschickt und stößt gern irgendwo gegen.“

Tante Jo lachte. „Eine unserer Mitarbeiterinnen hat bei Herrn Johnson einen Hausbesuch gemacht, weil der so versessen darauf war, Edward mitzunehmen. Sie meinte, alles sei prima. Ein hübscher

Garten, nicht zu klein, und gleich um die Ecke ein Park zum Spazierengehen. Sie sagte, die beiden passten perfekt zueinander – zwei alte Herren. Du weißt ja, dass Edward nicht der Schnellste ist!"

Lea nickte. Sie war schon einmal mit Tante Jo und ein paar anderen Hunden aus dem Heim im Park gewesen. So langsam war sie noch nie gegangen!

„Glücklicher Edward. Und glücklicher Herr Johnson", meinte Lea. „Bestimmt geht es den beiden jetzt richtig gut." Sie hakte sich bei Tante Jo ein und lehnte sich seufzend gegen ihre Hüfte. „Ich weiß ja, dass es nicht geht, aber ich wünschte, ich hätte auch einen Hund …"

Zweites Kapitel

In der Kiste schien es immer kälter zu werden. Die Aprilnacht war frostig gewesen, und die Welpen hatten sich aneinandergedrängt, um warm zu bleiben. Sie waren es nicht gewohnt, nachts draußen zu sein, und zwischen ihnen und den Betonstufen war nur die dünne Pappwand der Kiste. Sie hatten sonst immer in ihrem bequemen Korb geschlafen, dicht an die Mutter gekuschelt. Die Kälte machte ihnen Angst.

Der kleinste Hund, die Schwester der beiden Welpen, wachte zuerst auf. Sie fühlte sich entsetzlich steif, die Kälte schmerzte in ihren Knochen, und sie kratzte besorgt an der Pappe unter ihren Pfoten. Ihre Brüder schliefen noch eng beieinander, aber sie musste in der Nacht von ihnen fortgerollt sein. Nun saß sie für sich in einer Ecke und zitterte vor Hunger und Kälte.

Sie kratzte jetzt an der Seitenwand der Kiste. Vielleicht konnte sie nach draußen kommen und den Weg zu ihrer Mutter zurückfinden.

Aber an diesem Morgen taten ihr sogar die Pfoten weh, und sie fühlte sich schwach und schläfrig.

Zu schwach, um in die Seitenwand einer Kiste ein Loch kratzen zu können.

Sie begriff immer noch nicht, was eigentlich passiert war. Warum hatte man sie und ihre Brüder der Mutter weggenommen, und wo war ihr warmer Korb? Würde jemand kommen und sie zurückbringen? Als sie in die Kiste gelegt worden waren, hatte ihre Mutter gebellt und gejault – auch sie wollte nicht, dass ihre Kleinen fortgebracht wurden. Das kleine Hundemädchen hatte das schreckliche Gefühl, dass sie vielleicht nicht mehr nach Hause zurückkommen würden.

Lea und Tante Jo waren schon fast am Tierheim angelangt. Unbewusst beschleunigte Lea ihren Schritt. Sie liebte es, mit ihrer Tante am Morgen als Erste anzukommen und das Tierheim zu öffnen. Das war ein echtes Vergnügen und geschah normalerweise nur, wenn sie am Samstag dabei sein und helfen durfte. Alle Tiere waren ganz aufgeregt, wenn nach einer Nacht, in der sie ganz unter sich gewesen waren, jemand zu ihnen kam.

Am meisten merkte man es den Hunden an: Sie sprangen auf und ab, kratzten am Maschendraht vor ihren Verschlägen und bellten wie verrückt. Aber sogar die Katzen, die sonst eher zurückhaltend waren, sprangen aus ihren Körben, um nachzusehen, wer da kam. Im Augenblick gab es einen großen Verschlag voller Meerschweinchen und aufgeregtes Quieken auch von dort.

Tante Jo suchte in ihrer Tasche nach den Schlüsseln, und so bemerkte Lea als

Erste, dass etwas Merkwürdiges auf der Eingangstreppe stand.

„Was ist denn das?", fragte sie neugierig und runzelte die Stirn. Was da vor der Eingangstür stand, sah aus wie eine Transportkiste.

Tante Jo blickte von ihrem Schlüsselbund auf. „Was ist los?"

„Da. Auf den Stufen. Vielleicht hat jemand dem Tierheim Futter geschenkt!" Manchmal kamen Leute mit Tierfutter vorbei. Lea hatte das selbst schon gesehen. „Komisch, dass sie es nicht reingebracht haben, als jemand da war, der sich bedanken konnte."

„Mmhmm." Tante Jo ging jetzt schneller, der Schlüsselbund klirrte unbeachtet in ihrer Hand.

„Was hast du denn?", fragte Lea. Sie sah, dass ihre Tante besorgt dreinblickte.

„Die Leute lassen manchmal auch andere Dinge da, Lea“, seufzte Tante Jo. „In der Kiste könnte ein Tier sein, das ausgesetzt wurde. Wenn es so ist, haben sie es wenigstens hier zu uns gebracht, aber ich mag es gar nicht, wenn sie es einfach so dalassen.“

Lea stiegen Tränen in die Augen. Ein schäbiger Pappkarton. Wie konnte man dort nur eine Katze oder einen Hund hineinstecken und ihn einfach stehen lassen? So was Gemeines!

Sie liefen die Stufen hinauf und setzten sich dann vorsichtig zu beiden Seiten der Kiste. Tante Jo atmete tief durch. „Ich werd mich nie daran gewöhnen“, murmelte sie und bog die Deckelklappen nach oben. „Es war so kalt in der Nacht. Schau, der Deckel ist ganz weiß von Raureif. Wenn da was drin ist, dann hoffentlich noch nicht so lange.“

Aus der Kiste drang ein schwaches Kratzgeräusch. Lea hielt den Atem an. „Da ist irgendwas drin!“

Tante Jo runzelte die Stirn. „Genau. Und was ich hier tue, ist nicht besonders schlau. Wir sollten die Kiste mit nach drinnen nehmen. Wir wollen ja nicht, dass das, was da drin ist, Angst bekommt und rausspringt."

Lea nickte. „Gute Idee. Soll ich die Kiste halten?", fragte sie erwartungsvoll. „Du schließt die Tür auf."

Vorsichtig schob Lea die Hände unter die Kiste. Als sie die klamme, kalte Pappe berührte, bekam sie eine Gänsehaut. Wer immer da drin war, musste eine entsetzlich kalte Nacht verbracht haben. Sie hob die Kiste an und spürte, wie sich darin etwas bewegte. Dann

hörte sie ein jämmerliches Quieken und ein kurzes Kläffen.

„Alles in Ordnung“, flüsterte sie. „Wir nehmen dich nur mit rein ins Tierheim, da ist es schön warm. Jedenfalls wärmer als hier draußen.“

Tante Jo hatte inzwischen die Türen aufgeschlossen und den Alarm ausgeschaltet. Nun hielt sie die Tür für Lea auf, und sie eilten in den Empfangsraum, wo sie die Kiste auf einem der Stühle abstellten. „Ich glaube, es ist ein Hund“, meinte Lea. „Ich habe ein Kläffen gehört. Aber sehr groß kann er nicht sein, die Kiste ist ziemlich leicht.“

„Wollen mal sehen.“ Tante Jo bog die Deckelklappen zurück. Ursprünglich hatte die Kiste Packungen mit Schokokeksen enthalten, wie Lea bemerkte. Nun schaute sie mit ihrer Tante hinein.

Da saßen drei kleine braun-weiße Welpen und starrten sie ängstlich an.

Drittes Kapitel

Die kleine Hündin wich zurück und drückte sich gegen die Seitenwand der Kiste. Sie war müde vom Geschüttel und Herumgestoße, und jetzt blendete sie auch noch das Licht, das nach Stunden im Dunkeln hereinflutete. Sie wimmerte unglücklich. Ihre größeren und stärkeren Brüder erholten sich schneller. Sie sprangen hoch, um zu sehen, was los war und wo sie sich befanden. Die Kleine aber drückte nur ihre

Schnauze in eine Kistenecke, um sich vor dem Licht zu schützen. Sie war viel zu verfroren und müde, um auf die Beine zu kommen.

Lea und ihre Tante schauten in die Kiste hinein, und Lea suchte mit ihrer Hand die der Tante. So kleine Welpen hatte sie noch nie im Tierheim gesehen, da war sie sich sicher. Überhaupt hatte sie so winzige Hundebabys noch nie gesehen. „Ach du liebe Güte, gleich drei", murmelte Tante Jo.

„Sie sind so winzig", flüsterte Lea. „Sie wiegen wahrscheinlich kaum was."

Tante Jo nickte. „Mmhmm. Sie sind noch viel zu jung, um von der Mutter getrennt zu leben. Sie sind höchstens ein paar Wochen alt. Gut, dass du so ruhig bleibst, Lea. Wir wollen sie nicht erschrecken. Vielleicht sind sie nicht daran gewöhnt, fremde Menschen zu sehen."

Die Welpen blickten unsicher zu Lea und Tante Jo hinauf. Einer der Jungen kratzte erwartungsvoll an der Kistenwand. Er wollte herausgehoben werden.

„Na ja, schüchtern ist er jedenfalls nicht“, lachte Tante Jo leise.

Vorsichtig tauchte sie mit den Händen in die Kiste und hob den Welpen heraus. Er wackelte mit dem stummeligen Schwanz und leckte Tante Jos Finger ab. „Du bist aber ein Hübscher, was?“ Sie wandte sich Lea zu. „Wenn sie die ganze Nacht da drin waren, müssen sie halb verhungert sein. Jetzt kann ich mir den Kleinen besser ansehen. Bestimmt ist er höchstens vier Wo-

chen alt, vielleicht gerade von der Mutter entwöhnt. Sie müssten vier bis fünf Mahlzeiten am Tag bekommen und auch ein wenig Muttermilch."

Lea kicherte. „Darum möchte er wohl deine Finger essen …" Dann blickte sie besorgt in die Kiste. „Tante Jo, was ist mit der Kleinen in der Ecke? Ist alles okay bei ihr? Sie sitzt so regungslos da."

Ihre Tante seufzte. „Nein, da stimmt was nicht … Wir schauen sie uns mal näher an. Bringst du die Kiste zu einem der Verschläge für Welpen? Dann suchen wir etwas, wo sie sich gemütlich drin zusammenrollen können, und machen ihnen Welpenmilch zurecht. Wir können ein bisschen Vollkornkeks darin einweichen. Vielleicht haben sie noch keine feste Nahrung bekommen."

Lea hob die Kiste, in der jetzt noch zwei

Welpen saßen, vorsichtig hoch und folgte ihrer Tante nach hinten, wo sich die ganzen Verschläge befanden. Hunde sprangen aufgeregt am Gitter empor, als sie vorbeigingen. Sie bellten, weil sie hungrig waren; jemand sollte kommen und sich um sie kümmern. Etwas ängstlich blickte Lea auf die Welpen in der Kiste. Der größere – sie hielt ihn für einen Jungen – stand jetzt auf, versuchte auf seinen dicken kleinen Pfoten das Gleichgewicht zu halten und horchte auf die neuen, aufregenden Laute. Neugierig blickte er zu Lea hinauf – der einzigen Person, die er im Augenblick sehen konnte.

„Vielleicht glaubt er, dass ich es bin, die da bellt!“, dachte Lea bei sich und lächelte ihn an.

Doch ihr Lächeln verflog, als sie zu der Kleinen hinübersah. Sie lag noch immer bewegungslos in einer Ecke und schien sich für nichts zu interessieren.

„Sie kommen hier hinein – hier haben sie es gut, und die Küche ist gleich nebenan“, meinte Tante Jo und öffnete die Tür eines Verschlags. Sie summte leise, um den Welpen, der es sich in ihrer Armbeuge gemütlich gemacht hatte, zu beruhigen. „Ich glaube, in der Küche steht noch eine große Dose mit dem Milchpulver für Welpen“, murmelte Tante Jo. „Und ein paar von diesen Flaschen, um die Milch zu mixen. Aber ich sollte noch was nachbestellen.“

Sie betrat den Verschlag und setzte sich mit dem Welpen im Arm auf den Boden. Lea stellte die Kiste neben sie und kniete sich hin. „Sollen wir die anderen beiden auch rausholen?“, fragte sie und schaute auf den größeren Welpen, der jetzt aufgeregt an der Kistenwand kratzte.

Tante Jo nickte. „Aber sei vorsichtig. Erschrick sie nicht. Sie sind nicht groß, aber auch sie können zuschnappen, wenn sie Angst bekommen.

Nimm erst den Größeren heraus, dann kann er sich mit dem anderen hier umsehen, während wir uns um die Kleine kümmern."

Lea langte in die Kiste und nahm den Welpen heraus, der immer noch aufrecht an der Kistenwand stand. Er zappelte und kläffte aufgeregt, und als sie ihn in ihren Schoß legte, drehte und wand er sich, um alles im Verschlag zu sehen. Dann nuckelte er an Leas Fingern und robbte an ihren Jeans hinunter auf den Boden. Offensichtlich wollte er den neuen Ort auskundschaften.

Der andere Welpe kuschelte noch auf Tante Jos Schoß. Er schaute sich neugierig um, war aber schüchterner als sein Bruder, der schon im Verschlag herumlief.

„Versuch's einfach mal und gib der Kleinen vorsichtig einen Schubs“, riet Tante Jo. „Nimm sie nicht hoch. Sie schaut uns nicht an und könnte einen Schreck bekommen.“

Lea griff in die Kiste und strich mit einem Finger über das seidige Rückenhaar der Kleinen. Das braune Fell war ganz weich, aber die Haut fühlte sich nicht so warm an wie bei ihrem Bruder. „Sie ist ziemlich kalt", sagte Lea und blickte sich zu Tante Jo um. „Das merk ich schon bei der kleinsten Berührung. Und sie wirkt irgendwie schlapp."

Tante Jo biss sich auf die Lippe. „Sie hat die Nacht draußen nicht so gut verkraftet, weil sie kleiner ist. Hier, leg das auf deinen Schoß, Lea." Tante Jo nahm eine weiche Decke aus einem gepolsterten Korb, der in einer Ecke des Verschlags stand. „Dann hebst du sie vorsichtig heraus und wickelst sie da hinein, aber nur ganz lose. Und halte sie in den Händen, um sie ein bisschen aufzuwärmen."

Lea nickte und wölbte eine Hand um

die Kleine, die leicht zitterte, als sie Leas Finger spürte. Für einen Moment hob sie ein wenig den Kopf, war aber zu schwach, um aufzuschauen. Lea schob die andere Hand unter die Kleine, hob sie heraus und wickelte sie in die Decke. Sanft strich sie mit der Hand über ihr Fell.

„Gut, mein Kleiner." Tante Jo sprach leise zu dem Welpen in ihrem Schoß. „Jetzt muss ich mal los und für deine Schwester eine Wärmflasche holen. Und ihr Burschen bekommt Milch. Hmm? Willst du dir mal diesen schönen Korb ansehen?"

Sie legte den Hund hinein und streichelte ihn ein bisschen, bis er sich an den neuen Platz gewöhnt hatte. Dann stand sie langsam auf. Der andere Welpe trottete auch zum Korb hinüber und stupste den Bruder liebevoll mit der Schnauze an.

„Den beiden geht's offenbar gut", meinte sie erleichtert. „Und wenn sie erst was zu fressen hatten, werden sie noch munterer sein."

Lea blickte auf. „Und was ist mit ihr hier?" Sie hatte einen Kloß im Hals. „Meinst du, dass sie sich erholt?"

Tante Jo seufzte. „Kann man noch nicht sagen. Sie wirkt ziemlich geschwächt. Ich rufe bei der Tierärztin an, ob sie so schnell wie möglich herkommen und sich die drei anschauen kann. Jetzt muss ich dich 'ne Minute allein lassen, um der Kleinen eine Wärmflasche zu machen. Okay?"

Lea nickte und massierte die Kleine ganz zart durch die Decke hindurch. Wenn sie sich doch bloß bewegte! Aber sie fühlte sich an wie ein Ball, aus dem die Luft raus ist. Vorsichtig legte Lea den Kopf der Kleinen frei und musterte ihn genau. Die Augen waren geschlossen, und die rosa Zunge schaute ein bisschen hervor. Sie sieht trocken aus, dachte Lea besorgt. Tante Jo sollte sich beeilen mit der Milch. Hoffentlich konnten sie die Kleine dazu bringen, die Milch zu trinken. Sie sah im Augenblick nicht so aus, als wollte sie sich zu irgendetwas aufraffen.

„Hier ist die Wärmflasche", sagte Tante Jo, als sie herbeigeeilt kam. „Ich hab ein Handtuch herumgewickelt, damit sie nicht zu heiß ist."

„Legen wir sie darauf?", fragte Lea und wollte die Kleine schon hochheben.

„Nein, das wäre zu heiß für sie. Ich lege die Flasche im Korb an die Seite, dann kann sie sich da ankuscheln. Wir müssen nur aufpassen, dass ihre Brüder sie nicht wegstoßen."

„Vielleicht sollte sie einen eigenen Verschlag bekommen", meinte Lea mit zweifelnder Stimme. „Die beiden sind viel größer. Sie könnten sie wegschubsen."

„Ich glaube, es ist besser, wenn alle drei zusammenbleiben. Sie hat bereits ihre Mutter und ihr Zuhause verloren. Nur ihre Brüder sind noch da, und das gibt ihr Sicherheit. Wenn wir sie jetzt trennen, könnte es ihr später schwerfallen, mit anderen Hunden zusammen zu sein."

Lea nickte und legte die Kleine neben die Wärmflasche. „Allein sein soll sie nicht“, stimmte sie zu.

„Die Milch müsste jetzt warm sein. Ich hole sie, und dann werden wir sehen, ob sie trinken.“ Tante Jo eilte in die Küche und kam mit einem flachen Metalltablett zurück, in dem die Welpenmilch schwappte. „Das werden sie wohl nicht umkippen“, erklärte sie. Lea blickte das Tablett erstaunt an – es sah so ähnlich aus wie das, worin ihre Mama Brownies backte.

Die Brüder hatten in den Ecken des Verschlags herumgeschnüffelt, um alles zu erkunden. Als aber Tante Jo das Tablett auf den Boden stellte, kamen sie sofort angejagt, um zu sehen, was da los war – so schnell, dass sie übereinander purzelten. Sie rappelten sich wieder hoch und knurrten einander an, ohne es ernst zu meinen. Dann huschten sie zum Tablett hinüber und schnüffelten aufgeregt daran. Sekunden später tunkten sie ihre kleinen Schnauzen in die Milch und schlabberten so eifrig, dass es spritzte.

„Sie müssen schon mal Milch aus einem Napf getrunken haben", meinte Lea und kicherte.

„Mag sein. Oder sie lernen schnell", erwiderte Tante Jo. „Jedenfalls müssen wir uns wohl keine Sorgen über ihren Appetit

machen. Das nächste Mal rühr ich Vollkornkekse drunter." Sie runzelte die Stirn. „Ich hatte gehofft, dass der Milchgeruch die Kleine aufwecken würde, aber sie hat anscheinend nichts gemerkt. Wir werden es bei ihr mit der Flasche versuchen."

Lea nickte. „Soll ich sie auf den Schoß nehmen?", fragte sie erwartungsvoll. Sie hatte die Kleine so gerne gehalten und versucht, sie zu wärmen. Auch wenn es ihr etwas Angst machte, dass die Hündin krank war, war es doch für Lea ein besonderes Gefühl, sich um sie kümmern zu dürfen.

„Ja. Wickle sie aus, und wir versuchen mal, ihr die Flasche zu geben. Ich habe für alle Fälle eine mitgebracht." Tante Jo zog eine Babyflasche aus der Jackentasche und setzte sich neben Lea. „Sie ist immer noch so schläfrig …"

Die Kleine war jetzt völlig schlaff und zappelte nicht einmal, als Lea sie aus der Decke wickelte. Tante Jo hielt den Schnuller der Flasche dicht an ihr Maul, aber sie schien es nicht zu bemerken und fing auch nicht an zu saugen, wie Lea es gehofft hatte. Sie drehte nur den Kopf etwas weg, als würde sie sich darüber ärgern, dass Tante Jo ihr immer wieder mit der Flasche gegen das Maul stupste.

„Sie will nicht", meinte Lea besorgt. „Können wir ihr noch was anderes geben?"

„Wir könnten es mit einer Spritze versuchen", antwortete Tante Jo nachdenklich. „Die stecken wir ihr an einer Seite ins Mäulchen und tröpfeln die Milch hinein." Aber Lea konnte sehen, dass die Tante nicht so recht an den Erfolg glaubte. Würde es überhaupt gelingen, die Kleine zu füttern?

„Vielleicht geht es so …“ Lea drückte mit den Fingern gegen den Schnuller, so dass ein paar Tropfen Milch aus der kleinen Öffnung austraten und auf die Finger liefen. Die Flüssigkeit war dick und gelblich, ganz anders als normale Milch. Lea hielt den Atem an und strich mit den milchigen Fingern über das Maul der Kleinen, wobei die Milch auf die trockene rosa Zunge lief.

Die Hündin zuckte überrascht zusammen, und die Zunge fuhr heraus. Sie leckte an Leas Fingern.

„Sie mag es!“, quietschte Lea.

Tante Jo lächelte. „Schnell, nimm du die Flasche. Drück ein bisschen aus dem Schnuller heraus und tröpfle es ihr ins Maul.“

Nun leckte die Kleine eifrig am Schnuller, und als Lea ihn sanft gegen das kleine

Maul stieß, fing sie an zu saugen, immer heftiger, bis sie die Milch in sich hineinschlürfte.

Und dann endlich öffnete sie ihre dunklen Augen und starrte Lea an.

Viertes Kapitel

An: Becky
Von: Lea
Betreff: Welpen

Hallo, Becky!

Hoffe, es geht dir gut bei deiner Oma. Tut mir leid, dass ich dir die letzten Tage nichts gemailt habe, aber ich hatte soooo viel zu tun! Am Montag bin ich mit Tante Jo zum Tierheim gegangen, und da hatte doch jemand drei Welpen in einer Kiste auf den Stufen vorne ausgesetzt!!! (Hier ist ein Foto, das Tante Jo mit dem Handy gemacht hat. Sind sie nicht süß?) Die Kiste war für Schokokekse gedacht, also haben wir die beide Jungen Schoko und Rolli genannt (es waren runde Kekse) und ihre Schwester Cookie. Sie ist unheimlich niedlich. Als wir sie fanden, war sie ganz schwach, und Tante Jo sagte hinterher zu mir, sie wär nicht sicher gewesen, ob sie durchkommt. Wir füttern sie mit der Flasche, weil sie Milch mit reingerührten Vollkornkeksen nicht mag, was ihre Brüder aber lieben! Du solltest mal sehen, wie sie sich da draufstürzen – wir müssen sie hinterher waschen! Aber irgendwas geht auch rein in den Magen, denn sie werden jeden Tag dicker! Auch Cookie wächst, und sie liebt es, wenn ich sie überall hintrage! Mama hat mir noch viel mehr Fotos ausgedruckt, ich zeige sie dir, wenn du wiederkommst.

Liebe Grüße von

Lea

An: Lea
Von: Becky
Betreff: Antwort Welpen

Ich kann's nicht glauben, dass du Welpen gefunden hast! Hast du ein Glück! Hier bei Oma ist es prima, nur ziemlich kalt, weil es am Meer liegt. Ich war paddeln und hab mir dabei fast die Zehen abgefroren. Kriegen die Welpen vom Tierheim jetzt neue Besitzer? Wie alt sind sie? Am liebsten würde ich kommen und sie mir anschauen. Weißt du was? Mami und Papi sagen, dass wir tatsächlich einen Hund haben können (du weißt ja, dass sie sich lange nicht festlegen wollten). Aber jetzt sagen sie, wir sollen uns Zeit nehmen und den richtigen Hund finden! Mann!! Ich will SOFORT einen Hund! Wenn ich wiederkomme, frag bitte deine Tante, ob ich mir die Welpen ansehen kann. Vielleicht ist einer von ihnen unser Hund!!!

Mach's gut, Becky

Lea las Beckys Antwort und musste lächeln. Becky schrieb so, wie sie redete. Aber als sie das Ende der Mail las, schwand ihr Lächeln. Becky hatte Glück, weil sie einen Hund haben durfte. Lea hatte heute mit Tante Jo über die Welpen gesprochen. Sie hatten sie gewogen, um zu prüfen, ob sie genug fraßen. Das war nicht so einfach, weil Schoko, Rolli und Cookie gar nicht einsahen, warum sie auf der Waage stillhalten sollten. Sie tobten lieber weiter herum. Schließlich hatte Tante Jo das Gewicht geschätzt und gemeint, sie würden auf jeden Fall zunehmen, und das war das Wichtigste.

Dann hatten sie sich fünf Minuten Zeit genommen, nur um mit den Welpen zu spielen. Das schien eher Spaß zu machen, als Arbeit zu sein, aber Lea wusste, wie wichtig es war. Wenn man nicht mit ihnen spielte, würden sie später bei ihren neuen Besitzern nicht wissen, wie sie sich benehmen sollten.

„Wie konnte nur jemand die drei aussetzen?“, fragte Lea traurig, als sie zusah,

wie Schoko und Rolli immer wieder quer durch den Verschlag hinter einem Ball herjagten. Cookie hüpfte hinterher. Sie war nicht mutig oder schnell genug, ihren Brüdern den Ball abzujagen, aber ihren Spaß hatte sie auch. „Sie sind alle so klasse. Wie konnte nur jemand so gemein sein?“

Tante Jo seufzte. „Na ja, immerhin sind sie hier gelandet. Das war schon mal ein Anfang.“

„Aber sie mussten die ganze Nacht draußen in der Kälte sein!“

„Mmhmm. Einige Leute denken einfach nicht nach. Die Welpen waren vielleicht nicht geplant – die Mutter war nicht sterilisiert worden, und dann dachten die Besitzer vielleicht, sie könnten es sich nicht leisten, das ganze Futter zu kaufen und die Welpen beim Tierarzt impfen zu lassen. Hundepflege ist ziemlich teuer.“ Sie legte ihren Arm um Leas Schultern. „Denk einfach nicht daran, Lea. Die Welpen hatten Glück, dass sie hierhergekommen sind, so dass wir alle uns um sie kümmern können. Wir werden aus ihnen wunderschöne, gut erzogene Hunde machen und darauf achten, dass sie nur zu ganz tollen Leuten kommen. Den schrecklichen Anfang werden sie vergessen."

„Das hoffe ich", flüsterte Lea mit einem kleinen Seufzer. Tante Jo wollte sie trösten. Lea wusste, dass die Welpen in ein paar Wochen das Tierheim verlassen würden, aber sie hatte versucht, nicht allzu sehr daran zu denken. Sie kannte sie ja erst seit ein paar Tagen, aber sie waren so süß – ganz besonders Cookie. Wenn sie ein bisschen länger blieben, könnte sie sich weiterhin um sie kümmern … Aber das wäre nicht fair. Sie brauchten ein richtiges Zuhause.

Als sie die aufregenden Neuigkeiten in Beckys Mail las, hatte sie wieder daran denken müssen, dass sie sich bald von den Welpen verabschieden müsste …

An: Becky
Von: Lea
Betreff: Welpen

Hallo, Becky,

Tante Jo glaubt, dass die Welpen ungefähr vier Wochen alt waren, als wir sie fanden, jetzt sind sie also fünf Wochen. Erst mit acht Wochen können sie in ein neues Zuhause. Sicher kannst du herkommen und sie dir anschauen, ich werde Tante Jo fragen. Du hast so ein Glück, dass du einen Hund bekommst. Hoffentlich entscheiden sich deine Eltern bald für einen. Wir sehen uns nächste Woche in der Schule!

Alles Liebe, Lea

Die Mail war nicht so freundlich wie sonst, wenn sie Becky schrieb, aber Lea war traurig. Sie starrte auf den Bildschirm ihres PCs, ohne das Foto von Cookie, das sie als Hintergrund genommen hatte, wirklich zu sehen.

„Ist irgendwas?“

Lea fuhr zusammen. Sie hatte ihre Mutter gar nicht kommen gehört. „Nein,

nichts … Ich hab nur gerade an die Welpen gedacht. Ich werde sie furchtbar vermissen, wenn sie ein neues Zuhause bekommen.“ Sie schluckte. „Vor allem Cookie.“

Mama nickte. „Sie ist wirklich toll.“ Lea hatte ihr die Welpen eines Nachmittags im Tierheim gezeigt, als die Mutter kam, um Lea abzuholen. „Es sind wohl ihre Augen. Sie hat ein so kleines Gesicht, da sehen die Augen riesig aus, und dann hat sie noch diese herrlich buschigen Brauen. Hat Tante Jo schon herausgefunden, welcher Rasse sie angehören?“

Lea kicherte und schüttelte den Kopf. „Nee. Jeder hier im Tierheim hält sie für was anderes. Tante Jo meint, es könnte was vom Jack Russell in ihnen sein, und vielleicht auch ein bisschen Cockapoo, du weißt, diese Mischung aus Cockerspaniel und Pudel. Wir wissen es wohl erst, wenn sie größer sind, fast ausgewachsen. Aber dann sind sie nicht mehr hier im Heim. Also werden wir es nie wissen." Lea schniefte, und Mama umarmte sie.

„Aber du wusstest doch, dass sie irgendwann ein neues Zuhause bekommen, Lea! Wie alle Tiere im Heim. So durcheinander wie jetzt warst du sonst nie."

„Ich weiß. Vielleicht, weil wir sie gefunden haben. Und seit ich Cookie mit der Flasche füttern darf, ist sie für mich was ganz Besonderes, Mama." Lea lächelte stolz. „Heute Morgen hab ich es geschafft, dass sie ein bisschen Welpenfutter mit Milch gefressen hat. Tante Jo war richtig glücklich und sagte, sie hätte gedacht, Cookie müsste wohl ewig die Flasche bekommen!"

„Tante Jo sollte dir Lohn zahlen!" Die Mutter seufzte. „Ich weiß, wie gut es dir im Tierheim gefällt, aber vielleicht solltest du mal ein paar Tage lang nicht dort aushelfen und was anderes machen. Bestimmt könnte Kira ein bisschen Zeit opfern und dich zum Shoppen mitnehmen. Oder ihr geht ins Kino. Wie wär das?“

Lea riss vor Schreck die Augen auf. „Oh nein, Mama! Ich muss da weitermachen. Ich muss Cookie helfen, damit sie richtiges Hundefutter fressen kann. Das ist unheimlich wichtig.“

Die Mutter warf ihr einen besorgten Blick zu. „Na ja, dann ist das wohl so …“

Fünftes Kapitel

„Klingt, als hättest du die besten Osterferien überhaupt gehabt!“, seufzte Becky neidisch.

Lea lächelte ihr zu, als sie das Klassenzimmer betraten. „Es war super. Am liebsten wär ich heute Morgen auch wieder hingegangen. Ich hab mich schon drauf gefreut, dich zu sehen, aber sonst hätte ich auch gut ohne Schule auskommen können!“

„Ich auch. Aber ich glaube nicht, dass meine Mami mir einen Tag freigegeben hätte, damit ich die süßesten Welpen der Welt besuchen kann …“ Becky ließ sich auf ihren Stuhl fallen und schaute zur Tafel hinüber. „Rechnen! Toller Anfang fürs neue Schuljahr …“ Sie holte das Mathebuch hervor, unterhielt sich aber weiter leise mit Lea. „Ist Cookie denn jetzt richtig entwöhnt? Frisst sie normales Welpenfutter?“

Lea nickte. „Klaro. Sie kriegen immer noch etwas Milch, aber sie trinken auch schon Wasser. Und Cookie holt mächtig auf. Sie wird vielleicht nicht so groß wie Schoko und Rolli, aber sie macht sich echt gut. Ich hab die Fotos mitgebracht, die Mama ausgedruckt hat – die zeig ich dir in der Pause. – Psst! – Frau Allan schaut zu uns rüber.“ Sie redete nicht weiter und tat so, als würde sie sich auf die Aufgaben konzentrieren, die Frau Allan an die Tafel geschrieben hatte. Normalerweise war ihre Lehrerin äußerst nett, aber gleich nach den Ferien war sie besonders streng – als müsste sie die Schüler daran erinnern, wie es in der Schule lief!

In der Pause zeigte Lea Becky und einigen anderen Klassenkameradinnen die Fotos. Alle fanden die Welpen total süß, und viele Mädchen sagten, sie wollten ihre Eltern bitten, mit ihnen zum Tierheim zu fahren, um die Welpen zu sehen und vielleicht

sogar einen von ihnen zu adoptieren. Lea wusste, dass das bei den meisten nichts werden würde – Lucy zum Beispiel hatte bereits zwei Hunde daheim! Aber je mehr Leute kamen, um die Welpen anzuschauen, desto besser. Obwohl Lea den Gedanken hasste, dass die Welpen nicht dableiben würden, wünschte sie ihnen doch das allerbeste Zuhause.

Am Nachmittag hatte Tante Jo es eingerichtet, dass sie das Tierheim kurz verlassen und Lea von der Schule abholen konnte. Mama würde nach der Arbeit zu ihr kommen.

Lea zog sich rasch im Waschraum des Personals um – Mama mochte es nicht, wenn ihre Schuluniform dreckig wurde – und rannte dann zu Cookie und ihren Brüdern.

Cookie lag zusammengerollt in ihrem Korb und sah den Brüdern zu, die mit einem alten Seilende, das ihnen jemand gegeben hatte, Tauziehen spielten. Das Seil hatten sie am Morgen bekommen, und es war ihr neues Lieblingsspielzeug. Überall im Verschlag lagen schon Fasern herum. Cookie seufzte leise und legte ihre Schnauze auf die Pfoten.

Wo Lea wohl blieb? Seit sie hierhergekommen waren, hatte Lea jeden Tag mit ihr gespielt. So richtig konnte sich die Kleine nicht mehr daran erinnern, wo sie gelebt hatten, bevor sie ins Tierheim gekommen waren. Sie wusste nur, dass ihre Mutter dort bei ihnen gewesen war. Sie fragte sich immer noch, was passiert war und warum man sie fortgebracht hatte, aber im Grunde war es ihr egal, denn jetzt hatte sie Lea.

Heute aber nicht, und sie verstand nicht, warum. Lea fütterte sie und ihre Brüder sonst immer. Sie kümmerte sich besonders um sie, auch wenn Cookie nicht mehr in ihrem Schoß lag und Milch trank. Lea brachte die Futternäpfe und achtete darauf, dass Cookie ordentlich fraß. Sie hielt auch Schoko und Rolli davon ab, ihr das Futter wegzunehmen, wenn sie vor ihr fertig waren.

Heute hatte die große Frau ihnen das Futter gebracht – Jo, die immer mit Lea zusammen war. Jo hatte nette Sachen gesagt und sie gestreichelt und gelobt. Aber das alles war nicht so wie bei Lea.

Cookies kleine Ohren stellten sich steil auf. Jemand kam den Gang zwischen den Verschlägen entlanggerannt – mit kleinen,

leichten Schritten. Sie sprang auf und bellte aufgeregt, als Lea vor dem Verschlag auftauchte und sie anstrahlte.

„Oh! Hast du mich vermisst? Ich hab dich echt vermisst!“, sagte Lea und öffnete den Verschlag. „Euch auch, euch habe ich auch vermisst, ihr Riesenmonster“, erzählte sie Rolli und Schoko und klopfte ihnen liebevoll aufs Fell, als die beiden um sie herumtanzten. Aber dann setzte sie sich neben Cookie und knuddelte sie liebevoll, als die Kleine freudig auf ihren Schoß kletterte. „Dich habe ich am meisten vermisst“, flüsterte Lea Cookie ins Ohr, als sie sie streichelte. „Ich sollte das vielleicht nicht sagen, aber so ist es.“ Sie seufzte. „Gleich kommen einige Leute her, Cookie. Versuch mal auszusehen wie das perfekte Haustier, okay? Du bist noch nicht alt genug, um das Tierheim zu verlassen, aber wenn sie dich mögen, warten sie vielleicht die paar Wochen, bis es so weit ist.“

Sie konnte die Leute schon kommen hören. Ein Pärchen, das sich gerade ein Haus gekauft hatte und nun einen Hund haben wollte. Sie hatten gesagt, ob Welpe oder älterer Hund sei ihnen egal, aber als Tante Jo die drei kleinen Welpen erwähnte, hatten sie großes Interesse gezeigt.

„Du wirst ihnen bestimmt gefallen.“ Lea seufzte erneut. „Bestimmt sind sie nett. Nett …?“ Sie konnte sich nicht vorstellen, dass jemand ein geeigneter Besitzer für ihre geliebte Cookie wäre. Niemand – außer ihr, wie sie mit einem dicken Kloß im Hals erkannte.

„Sie haben sich also für Jasper entschieden?“, fragte Lea, als sie Tante Jo beim Auswaschen der Futternäpfe half. Sie war überrascht, aber auch sehr erleichtert. Jasper war an die fünf Jahre alt und ein Labrador-Mischling. Er sah nicht annähernd so hübsch aus wie Cookie und ihre Brüder, dachte Lea.

„Ja, sie meinten dann doch, dass sie einen größeren Hund brauchen“, erklärte Tante Jo. „Mach dir keine Sorgen, Lea. Es dürfte nicht schwerfallen, für diese drei ein Zuhause zu finden. Sie sind einfach süß. Mit den älteren Hunden ist es schwieriger."

Lea nickte. „Meine Freundin Becky bekommt bald einen Hund. Sie sagte, sie würde die Welpen unheimlich gern mal anschauen. Sie will ihre Eltern fragen, ob es dieses Wochenende geht. Das ist doch in Ordnung, nicht wahr?" Leas Stimme zitterte ein bisschen. „Nur noch eine Woche, dann sind die drei alt genug für ein neues Zuhause …"

Tante Jo blickte Lea aufmerksam an. „Ja, die-

ses Wochenende sind sie ungefähr sieben Wochen alt. Nach acht Wochen kann man sie voneinander trennen. Es wäre prima, wenn deine Freundin herkommen könnte. Lea, alles okay, mein Liebes?“

„Ich werde sie vermissen, das ist alles“, murmelte Lea.

„Ich weiß. Vor allem Cookie. Du hast dich so toll um sie gekümmert. Aber sie kann nicht hierbleiben, Lea, das weißt du. Das ist kein Leben für einen Hund in so einem kleinen Auslauf, auch wenn wir ihn noch so sehr lieben.“

„Klar. Aber es ist schon hart, wenn ich mir vorstelle, dass jemand anders sie mitnimmt. Könnten wir doch bloß einen Hund haben! Ich würde mich so gut um ihn kümmern!“, brach es aus Lea heraus. Dann fügte sie leise hinzu: „Mach dir keine Sorgen, ich weiß ja, dass es nicht geht …“

Tante Jo umarmte sie, wobei sie aus Versehen gegen zwei Näpfe aus Edelstahl stieß. Bei dem lauten Klingklang musste Lea dann doch lachen.

„Ich bin so aufgeregt!“ Becky rannte die Stufen hinauf zu Lea, die Mutter im Schlepptau. Sie schlang die Arme um ihre Freundin. „Können wir bitte *alle* Hunde sehen? Und auch die Katzen? Wir wollen zwar keine, aber sehen möchte ich sie auf jeden Fall. Und die Meerschweinchen!“

„Ich zeig euch alles“, versprach Lea und kicherte. Sie hatte Becky seit ihrem Geburtstag nicht mehr so aktiv gesehen. Sie führte Becky und die Mutter durchs Tierheim, wobei sie die Hundeverschläge bis zuletzt aufsparte.

„Das ist echt klasse für dich, dass du hier aushelfen kannst“, meinte Becky und gurrte in Richtung Meerschweinchen. Dann blickte sie aufgeregt ihre Mutter an. „Kannst du uns jetzt die Hunde zeigen, Lea? Mami und Papi meinen, wir könnten schon bald einen haben. Papi repariert heute schon den Gartenzaun, damit unten keine Löcher sind. Dann ist der Hund im Garten sicher. Er meinte, wenn wir einen Hund aus dem Tierheim nehmen, kommt jemand vorbei, um zu prüfen, ob wir uns auch richtig um den Hund kümmern."

Lea nickte. „Ja, Tante Jo und die anderen, die hier arbeiten, gehen hin und schauen, wo die Hunde leben. Wenn ihr an einer Straße mit viel Autoverkehr wohnen würdet, könntet ihr von hier keine Katze mitnehmen. Oder wenn ihr kleine Kinder hättet. Aber bei euch ist alles in Ordnung", fügte sie hinzu. „Ihr wollt ja einen Hund, und da sind nur *ganz* kleine Kinder ein Problem – also Kinder, die noch nicht wissen, dass man Hunde nicht am Schwanz ziehen soll."

Becky nickte.

„Will dein Papa nicht auch dabei sein, wenn ihr euch einen Hund aussucht?", fragte Lea neugierig.

Beckys Mutter lächelte. „Heute wollen wir nur schauen und dann darüber nachdenken, was für eine Art von Hund es sein soll. Beckys Vater kommt mit, wenn wir ihm sagen, dass wir einen Hund gefunden haben, den wir mögen. Aber gestern Abend fing er an, sich wegen des Zauns Sorgen zu machen und wollte ihn unbedingt reparieren. Er meinte, es wäre doch schade, wenn wir keinen schönen Hund bekämen, nur weil der Zaun kaputt ist."

Lea lächelte. Es hörte sich so an, als wären Becky und ihre Eltern fest entschlossen, einen Hund nach Hause zu holen. Im Gegensatz zu anderen Leuten dachten sie ernsthaft über alles nach. „Gut, also hier sind die Hundeverschläge. Es kann laut werden!", rief sie warnend, als einige Hunde aufgeregt zu bellen begannen. Sie hatten gemerkt, dass Besuch da war.

„Oh, schau doch nur …", bemerkte Becky und blickte nach links und rechts.

„So viele! Freddie … Luca – guck mal, Mami, wie toll er ist. Sieht aus wie ein Deutscher Schäferhund. Oooh! Trixie!“ Becky kniete sich vor dem Verschlag der kleinen Spanielhündin nieder. „Ist die vielleicht hübsch …“

Sie blickte verwundert zu Lea hinauf. „Wie machen die Leute das nur, wenn sie einen Hund aussuchen? Sie schaut mich an, als wollte sie, dass wir sie mitnehmen. Dabei haben wir noch nicht mal die Hälfte gesehen!“

„Es ist nicht leicht“, gab Lea zu. „Wenn ihr meint, dass euch ein Hund wirklich gut gefällt, kann ich Tante Jo bitten, dass sie euch in den Verschlag lässt.“

„Ich weiß nicht, ob ich dann noch Nein sagen könnte“, bemerkte Beckys Mutter leise. „Was ist, wenn wir mit einem Hund schmusen und dann sagen, wir wollen ihn

nicht haben? Das wäre doch furchtbar enttäuschend!“

Lea rümpfte die Nase. Sie kannte sich im Tierheim besser aus als die meisten anderen Leute! „Das ist natürlich traurig. Aber am Ende finden Tante Jo und die anderen für alle Hunde ein Zuhause. Bei manchen dauert es eben etwas länger.“ Sie führte Becky und ihre Mutter weiter an den

Verschlägen vorbei. „Und hier …“, sie hielt vor einem Verschlag an, „sind die Welpen, die vor dem Heim ausgesetzt wurden.“ Sie lachte, als alle drei zum Maschendraht gerast kamen. „Der mit den dunkleren braunen Flecken ist Schoko, und der andere, das ist Rolli …“ Sie wies auf den Hund mit dem braunen Fleck um das Auge. „Und diese hier, mit den hellbraunen Flecken …“, sie machte eine Pause, „ist Cookie.“

„Oh, wow …“, murmelte Becky. „Sind die alle hübsch.“

„Das sind sie“, stimmte die Mutter zu. „Aber auch noch ziemlich klein, Lea. Sind sie schon alt genug für ein neues Zuhause?“

„Ungefähr eine Woche müssen sie noch hierbleiben“, erklärte Lea. „Aber dann ist es so weit, auch wenn sie noch nicht gleich ins Freie dürfen. Alle Hunde hier sind geimpft, aber Welpen kriegen viele Impfungen, wenn sie zwölf Wochen alt sind. Danach kann man mit ihnen spazieren gehen. In den Garten können sie aber auch schon vorher“, fügte sie hinzu.

„Du weißt unheimlich viel über Hunde“, meinte Becky bewundernd. „Können wir mal rein in den Verschlag? Mami, möchtest du?“

Die Mutter nickte lächelnd. „Aber sicher.“

Lea schluckte schwer und öffnete den Riegel. Es war gut, dass Becky und ihre Mama die Welpen mochten. Aber damit rückte der Abschied vom Heim und von Lea immer näher.

Cookie kratzte aufgeregt am Draht. Am Morgen hatte Lea noch mit ihnen gespielt und war dann verschwunden. Jetzt aber war sie wieder da!

Aber da waren auch noch andere Leute.

Ein weiteres Mädchen, vielleicht so alt wie Lea, und dann noch jemand. Cookie hatte die beiden noch nie gesehen. Sie hörte auf, eifrig mit dem Schwanz zu wackeln, und wich etwas zurück, als Lea die Tür öffnete. Fremde war sie nicht gewöhnt.

Lea ließ Becky und ihre Mutter eintreten, und Rolli und Schoko beschnüffelten die beiden vorsichtig. Becky hob das letzte Stück Seil auf und wedelte damit über den Boden, direkt vor den Füßen von Schoko, der sich darauf stürzte und fast wie ein Großer knurrte.

„Ist der witzig!“, kicherte Becky.

„Ich glaube, er ist von den dreien der Freundlichste“, sagte Lea. Sie blickte sich nach Cookie um, die sich hinter ihr fast versteckte und die neuen Leute mit großen, ängstlichen Augen beobachtete. „Alles in Ordnung, Cookie“, flüsterte Lea.

Cookie drückte sich gegen Leas Beine und schnüffelte vorsichtig an den ausgestreckten Fingern von Beckys Mutter. Die neuen Leute rochen gut, aber sie kannte sie nicht so, wie sie Lea kannte. Allerdings hatte sie nichts dagegen, dass die Frau sie streichelte.

„Sie ist wirklich süß“, sagte Beckys Mutter. „Ist das nicht die, der du die Flasche gegeben hast, Lea? Man sieht ja, wie sie an dir hängt.“

Lea lächelte traurig. Sie fand es schön, dass Cookie sich so verhielt, als wäre sie ihr Hund, obwohl sie es nicht war. Lea seufzte. Cookie würde lernen müssen, jemand anderen zu lieben. Vorsichtig hob sie Cookie hoch und legte sie Beckys Mutter in den Schoß.

Cookie saß dort regungslos und wie erstarrt. Sie hatte die Schultern bis unter die Ohren hochgezogen und blickte sich sorgenvoll nach Lea um, blieb aber sitzen, wo sie war. Alles in Ordnung. Lea war noch da, ganz in der Nähe. Die Frau streichelte sie an den Ohren, was gut war. Sie entspannte sich ein wenig und leckte der Frau die Hand.

„Sie ist etwas schüchtern, aber sehr lieb", bemerkte Lea. Sie versuchte, sich damit abzufinden, dass eine andere Person Cookie streichelte. Dann atmete sie tief durch. „Sie

ist ein großartiger Haushund. Genau wie die anderen beiden.“

Cookie legte traurig die Ohren an, als Lea mit den anderen aufstand. Nun gingen sie weg, das war klar. Jetzt, wo Lea nicht mehr den ganzen Tag da war, vermisste sie sie noch mehr. Heute war sie länger dageblieben, hatte Cookie aber noch nicht ihr Nachmittagsfutter gebracht. Cookie mochte es gern, wenn Lea ihr das Futter brachte und sich neben sie setzte, während sie fraß. Sie fraß dann auch immer mehr, weil Lea ihr so gern dabei zusah und ihr sagte, was für ein braver Hund sie sei.

Als Lea die Tür zum Verschlag abschloss, rannte Cookie hinter ihr her, kratzte am Maschendraht und wimmerte traurig.

„Ist schon okay“, flüsterte Lea ihr zu. „Morgen komme ich wieder, versprochen.“

Cookie wusste zwar nicht, was die Worte bedeuteten, aber sie verstand, dass Lea etwas Beruhigendes sagte. Sie hörte auf zu wimmern, stand auf den Hinterbeinen am Draht und starrte den Mädchen nach, die den Gang zwischen den Verschlägen hinuntergingen. Sie stand dort, bis die Schwingtür sich schloss und sie Lea nicht mehr sehen konnte. Dann ließ sie sich auf alle viere fallen und tappte traurig zu ihrem Korb hinüber, wobei die Klauen auf dem abgenutzten Linoleum klickten und klackten.

Sechstes Kapitel

„Mami sagt, wir können Pfannkuchen zum Abendbrot essen“, strahlte Becky, als sie ihre Mäntel auszogen.

„Ich liebe Pfannkuchen“, antwortete Lea und versuchte, etwas fröhlicher zu wirken, als sie sich fühlte. Es war immer toll, bei Becky zu sein, aber diesmal wäre Lea lieber noch länger im Tierheim bei Cookie und den anderen geblieben. Das behielt sie aber für sich.

Die Mädchen machten es sich auf dem Sofa gemütlich und schauten einen Fernsehfilm an. Lea wollte auf keinen Fall daran denken, wie schön es wäre, wenn noch ein kleiner Hund bei ihnen läge und mitschaute. Nun, vielleicht beim nächsten Mal. Beckys Vater war noch draußen am Zaun beschäftigt. Als sie vom Tierheim gekommen waren, hatte er ihnen den neuen Maschendraht gezeigt, den er unten am alten Holzzaun sauber befestigt hatte. Sie hatten ihm eine Tasse Tee und einen Teller mit Keksen nach draußen gebracht, und er hatte gemeint, er sei froh, jetzt bald fertig zu sein. Es sah aus, als sei die ganze Familie schon auf einen Hund eingestellt.

Becky war in die Küche gegangen, um Saft zu holen, und hatte Lea zurückgelassen, kam aber nun ins Wohnzimmer zurückgerannt.

„Lea! Gerade hab ich mit meinen Eltern gesprochen, und nun rat mal, was los ist!“

Lea sah sie erstaunt an.

„Wir wollen deine Tante fragen, ob sie einen der drei Welpen für uns reserviert! Mami telefoniert gerade mit ihr! Sie will noch mal hin, und Papi soll mitkommen! Und ein Hausbesuch ist auch vorgesehen!“ Becky tanzte vor Freude im Zimmer herum, und Lea starrte sie an.

Das war eine gute Nachricht. Einer der Welpen würde ein großartiges Zuhause bekommen, wo man sich gut um ihn kümmerte. Und Lea konnte den Welpen, welcher es auch sein würde, weiterhin sehen. Sie würde sogar wissen, wie er aussah, wenn er groß war!

Aber wenn sie nun Cookie haben wollen?, klagte die Stimme in Leas Kopf. Dann würde die Kleine jemand anderem gehören. Schluss damit, dachte sie. Schließlich war Becky ihre beste Freundin. Cookie würde ein prima Zuhause haben.

„Ist ja klasse“, brachte Lea endlich heraus und schluckte den Kloß im Hals herunter. „Tante Jo wird sich riesig freuen.“

„Ach ja, und das Abendbrot ist fertig, sagt Mami“, fügte Becky hinzu.

Lea nickte. Das war gut. Danach war es Zeit, nach Hause zu gehen, und dann würde sie nicht mehr versuchen müssen, für Becky die Glückliche zu spielen. Eigentlich sollte sie glücklich sein, war es aber nicht.

Stattdessen war sie schrecklich eifersüchtig und fühlte sich deshalb ganz mies.

„Gestern waren wir in dieser großen Tierhandlung drüben beim Supermarkt. Warst du mal da?“

Lea schüttelte den Kopf.

„Ich auch nicht. Sie ist riesig und hat wirklich alles! Würde dir gefallen, Lea“, plapperte Becky glücklich. „Deine Tante hat Mami eine lange Liste gemailt mit Sachen, die wir alle brauchen. Wir haben sogar noch mehr gekauft, nur weil es so viele schöne Dinge gab! Jede Menge Spielzeug! Die Welpen haben doch gerne mit den

Sachen gespielt, die sie da im Tierheim hatten, nicht?“

Lea nickte. „Ja“, brummelte sie nur und senkte den Kopf, als sie Buch und Heft aus der Schultasche holte.

„Und wir müssen dafür sorgen, dass unser Hund viel um die Ohren hat, weil er sich ohne die anderen vielleicht langweilt. Allerdings bin ich ja auch da. Lea, ist alles okay mit dir?“, fragte Becky. „Du bist so still.“

„Mir geht's gut.“ Lea versuchte, begeistert zu klingen. „Habt ihr auch ein Spielzeugseil besorgt? Sie mögen das alte Teil, sie zerren gern daran herum.“

„Klar doch! Ein ganz tolles. Viel hübscher als das schäbige Stück, das sie jetzt haben.“

Lea schniefte und hätte am liebsten geweint. *Aber sie mögen das schäbige alte*

Stück, dachte sie bei sich. *Und wenn Becky nun Cookie nimmt?* Sie versuchte, ihre Gedanken zu stoppen. Welchen Hund auch immer Becky mit nach Hause nahm, er oder sie würde es richtig gut haben.

Ich könnte auch gut mit einem Hund umgehen, dachte sie traurig. *Ich weiß so viel darüber, wie man Hunde pflegt und erzieht. Ich habe die Welpen gefüttert und ihren Ver-*

schlag sauber gemacht und sie gewaschen, wenn sie sich beim Fressen vollgekleckert haben …

„Hörst du mir überhaupt zu, Lea?“ Becky gab ihr einen sanften Stoß mit dem Ellbogen, und Lea fuhr zusammen.

„Ähm, nein. Tut mir leid. Was ist denn?“

„Ich hab grad gesagt, dass wir am Samstag ins Tierheim kommen und den Welpen aussuchen. Er kann dann gleich mit uns nach Hause!“

„Oh!“ So bald schon! Lea musste schwer schlucken. „Großartig“, murmelte sie. „Ähm, ich muss mal dringend aufs Klo. Sag es Frau Allan, wenn sie kommt, okay?“

In den nächsten Tagen tat Lea ihr Bestes, so zu sein wie immer, wenn sie mit Becky zusammen war. Aber es fiel ihr unglaublich schwer.

Becky merkte natürlich, dass irgendwas nicht stimmte – sie war ja nicht blöd. Lea mied sie, und statt in der Mittagspause mit Becky und den anderen Freundinnen zu schwatzen, ging sie in die Schulbibliothek, um sich ein neues Buch zu holen. Und als Becky ihr von den tollen Halsbändern erzählte, die sie im Internet gesehen hatte, verbrachte sie eine ganze Pause auf dem Klo. Diese Halsbänder waren mit eingewobenen Pfotenabdrücken verziert und hatten ein Steckfach für die Telefonnummer, falls der Hund mal verloren ging. Das war Lea so auf den Magen geschlagen, dass sie, als der Pausengong ertönte, zu Becky sagte, ihr sei schlecht.

Lea fand es abscheulich, ihre Freundin dauernd zu belügen, aber sie wollte nicht zugeben, wie neidisch und böse sie in Wirklichkeit war.

Am Freitag war Becky so weit, dass sie Lea nichts mehr von ihren Vorbereitungen für den Hund erzählte. Sie sprach fast gar nicht mehr mit ihrer Freundin. Und in der Mittagspause spielte sie mit anderen Mädchen aus der Klasse, ohne Lea überhaupt zu fragen, ob sie mitmachen wolle.

„Also dann bis morgen früh“, sagte sie verlegen zu Lea, als sie nach Schulschluss ihre Mäntel anzogen.

Lea nickte. „Ja, tschüss dann, Becky.“

Das war alles. Sonst rannten sie immer zusammen zum Schultor oder versprachen, einander wegen der Hausaufgaben anzurufen. Becky ging einfach fort und ließ Lea stehen, die am Reißverschluss ihrer Jacke fummelte und sich richtig elend fühlte.

Wie sonst auch wartete Kira vor der Schule auf sie – Kiras Schule lag nur ein Stück weiter. Normalerweise hatte sie später Schluss, aber an diesem Nachmittag hatte Lea eine Ewigkeit gebraucht, um fertig zu werden.

„Geht's dir gut?", fragte Kira. „Du siehst echt bedrückt aus."

Lea hob die Schultern. „Ich rede kaum noch mit Becky", gab sie zu. „Es ist furchtbar."

„Habt ihr euch gestritten?“, fragte die Schwester mitfühlend.

„Nein“, seufzte Lea. „Es ist alles meine Schuld. Du weißt von den Welpen im Tierheim?“

Kira lachte. „Nein, Lea. Bisher hast du daheim nichts von ihnen erzählt.“

Lea schlug mit der Schultasche nach ihrer Schwester und verzog das Gesicht. Aber Kira schaffte es immer, sie aufzumuntern. „Becky will einen Hund adoptieren.“

Kira lächelte, dann schaute sie etwas verwirrt drein. „Aber das ist doch gut, oder?“

„Ja“, antwortete Lea leise. „Ich hätte nur auch so gern einen Hund, das ist alles. Ich bin neidisch … Noch schlimmer: Ich hab Angst, dass sie Cookie nimmt.“

„Ach, Lea …“ Kira umarmte ihre Schwester. „Schau mal, ich hab diese Welpen noch nie gesehen, aber ich kann mir denken, was sie dir bedeuten. Wir könnten doch zum Tierheim gehen, und du zeigst sie mir!“

„Aber du magst Hunde doch gar nicht!“ Lea starrte ihre Schwester verwundert an. „Du hasst sie!“

„Nein, ich hasse sie nicht“, meinte Kira achselzuckend. „So schlimm ist es längst nicht mehr. Eine meiner Freundinnen hat einen echt süßen Spaniel. Ich hab ihn sogar schon auf dem Schoß gehabt.“

„Wow, Kira, ist ja klasse!“ Lea freute sich. „Natürlich zeig ich dir die Welpen. Du wirst sie mögen, besonders Cookie – sie ist einfach super. Ich wollte Mama fragen, ob sie mich nachher hinbringt, aber jetzt gehen wir gleich hin.“ Sie fasste Kira an der Hand und zog sie eilig mit sich fort.

„Nicht so hastig, sonst fliegst du noch weg.“ Kira grinste.

Es war kein weiter Weg. Sie gingen durch den Park in Richtung Tierheim und bogen schon in die Zufahrtsstraße ein.

„Ich habe Kira mitgebracht, um ihr die Welpen zu zeigen!", teilte Lea Tante Jo mit, als sie ihre Köpfe durch die Bürotür steckten.

Tante Jo blickte vom PC hoch. „Hallo, Kira!" Sie lächelte. „Das ist ja eine schöne Überraschung."

„Hallo, Tante Jo." Kira lächelte ebenfalls. „Ich hab mir gedacht, ich würde sie gern mal anschauen. Mama sagt, sie sind echt süß."

„Sind sie auch." Tante Jo nickte. „Ich ruf eure Mutter an und sage ihr, dass ihr beide hier seid. Nachher kann ich euch im Auto nach Hause bringen, wenn ihr wollt."

„Das wär prima", meinte Lea. „Jetzt komm, Kira – sie sind da hinten." Sie fasste

Kira an der Hand und zog sie durch den Gang. „Keine Angst, im Augenblick sind keine richtig großen Hunde hier“, fügte sie hinzu, als sie sah, wie ihre Schwester vorsichtig in die Verschläge spähte.

„Ich mag es nur nicht, wenn sie so gegen den Maschendraht springen“, bemerkte Kira.

„Schoko und Rolli tun das, aber sie sind noch klein“, versprach Lea. „Cookie hält sich zurück, sie muss erst herausfinden, wer du bist. Sie ist etwas schüchtern.“

„Okay. Oh, Lea, sind sie das?“ Kira machte vor dem Verschlag der Welpen Halt und lächelte entzückt. Alle drei schliefen und lagen wie eine Art Welpenhaufen im

Korb. Der Haufen zappelte unruhig auf und ab, doch als Lea die Tür öffnete, fiel er auseinander und verwandelte sich in drei schnurrbarthaarige weiß-braune Welpen, die munter um Leas Füße herumtobten.

„Möchtest du, dass ich einen Welpen raushole?“, fragte Lea. „Dann könntest du ihn streicheln, ohne dass die anderen an dir hochspringen.“

Kira nickte, und Lea nahm Cookie in den Arm. Cookie rieb glücklich ihr Köpfchen an Leas Schulter. Sie hatte schon gehofft, dass Lea bald kommen würde. Neugierig schaute sie sich um, als Lea sie aus dem Verschlag nach draußen trug, während die Brüder ihr etwas neidisch nachsahen. Cookie schaute auf sie hinab und wackelte mit dem Stummelschwanz.

Lea nahm sie mit zu einem anderen Mädchen. Es war größer, hatte aber dunkles Haar und dunkle Augen wie Lea. Cookie legte den Kopf auf die Seite und blickte das Mädchen an. Es sah Lea sehr ähnlich, schien aber im Umgang mit Hunden nicht so sicher zu sein wie Lea. Sie schaute etwas nervös drein, und als sie die Hand ausstreckte, tätschelte sie die Kleine ganz schnell, als hätte sie Angst, dass Cookie zuschnappt.

Nun war Cookie neugierig geworden. Wer war dieses Mädchen, das ihrem Lieblingsmenschen so ähnlich sah? Cookie strampelte auf Leas Arm und reckte sich. Sie wollte zu Kira hinüber.

„Sie mag dich“, lachte Lea.

„Wirklich?“, fragte Kira erstaunt und ziemlich erfreut.

„Ja, wirklich“, meinte Lea. „Willst du sie mal halten?“

„Ich weiß nicht …“, antwortete Kira

unsicher. „Na gut, ich kann's ja versuchen." Sie nickte und ließ sich Cookie in den Arm legen.

Cookie kuschelte sich an Kiras Kinn, während Kira ihr vorsichtig die Ohren kraulte. Die Kleine schloss die Augen.

„Ach, Lea, ist sie niedlich." Kira lächelte Cookie an. „Kein Wunder, dass du hier so viel Zeit verbringst."

„Ja, nicht wahr?", seufzte Lea traurig. „Und ich mag gar nicht daran denken, dass sie woanders hinkommt …"

Siebtes Kapitel

Cookie tobte im Außenhof des Tierheims herum und jagte dem Klimperball hinterher. Das war ihr Lieblingsspielzeug. Sie liebte sein Klingeln und Klimpern, auch wenn sie nicht ganz begriff, wo das Geräusch herkam. Es war einfach *ihr* Spielzeug – Lea hatte es ihr gegeben. Es war das einzige Spielzeug, um das sie notfalls kämpfen würde.

Rolli raste hinter Cookie und ihrem

Ball her. Er schnappte ihn, überschlug sich damit und knurrte aufgeregt.

Cookie bellte einmal kurz und scharf und sprang auf Rollis Rücken, um sich den Ball wiederzuholen. Leider war Rolli immer noch ein ganzes Stück größer als Cookie. Er drehte und wendete sich und knurrte weiter. Dann saß er plötzlich auf Cookie und hielt den Ball mit den Zähnen fest. Er schüttelte ihn knurrend hin und her, so dass er wie verrückt bimmelte.

„Hört mit der Kabbelei auf, ihr beiden!" Lea kam angerannt. „Rolli, Rolli, schau mal! Dein Gummiknochen! Feiner Knochen! Komm schon! Wo ist der Knochen?"

Rolli ließ den Ball fallen und tanzte im Kreis herum, als Lea den blauen Gummiknochen schwenkte. Dann warf sie ihn quer über den Hof, und er galoppierte hinterher wie ein Rennpferd.

Dankbar nahm Cookie ihren Ball ins Maul und ließ sich hechelnd auf Leas Füßen nieder.

„Den liebst du wirklich, was?“ Lea nahm Cookie in den Arm. „Schau mal, da drüben scheint die Sonne in den Hof. Da setzen wir uns hin und sehen deinen verrückten Brüdern zu …“

Es war ein schöner warmer Maitag, und Lea hatte zum ersten Mal in diesem Jahr Shorts angezogen. Eigentlich sollte sie sich gut fühlen, aber sie musste dauernd an Becky denken. Bald würde sie herkommen. Welchen Welpen würde sie wählen? Immer wieder strich sie mit der Hand über Cookies Rücken, während die Kleine den Ball mit dem Maul hin und her schüttelte und dem Geklimper lauschte.

„Wenn sie nun dich mitnimmt, Cookie?“, flüsterte Lea. „Ich hab versucht, nicht da-

ran zu denken. Es war schon schlimm genug, sich vorzustellen, dass Becky einen Hund bekommt und ich nicht. Aber wenn du es wirklich bist, die sie mit nach Hause nimmt?“ Sie seufzte, beugte sich nach vorn und legte ihre Wange einen Augenblick lang an Cookies drahtig-festes Fell. „Zumindest könnte ich dich dann immer noch sehen. Falls Becky überhaupt wieder mit mir spricht, so biestig, wie ich diese Woche zu ihr war. Ich war schrecklich."

Cookie wandte Lea den Kopf zu. Ihre dunklen Augen funkelten, und sie leckte Leas Hand.

„Danke!" Lea musste lächeln. „Wolltest du mir sagen, dass ich doch nicht so schrecklich bin? Aber das war ich. Richtig biestig und gemein. Ich weiß nicht, was schlimmer ist – wenn ich dich überhaupt nicht mehr sehe oder wenn du jemand anderem gehörst. Ich weiß nicht, was ich hoffen soll: dass Becky dich auswählt oder dass sie es nicht tut." Diesmal stieß Lea einen ganz tiefen Seufzer aus, so dass Cookie sich umdrehte und sie anstarrte. „Tut mir leid. Ich wollte dich nicht durchschütteln."

„Lea!“, rief Tante Jo herüber. „Becky und ihre Eltern sind da! Sie steigen gerade aus dem Auto. Geh hin und begrüße sie. Ich bring die drei Hunde rein.“

„Oh! Ja, ist gut.“ Lea setzte Cookie auf den Boden, und die Kleine jagte wieder hinter dem Ball her. Lea ging langsam zum Empfangsbereich hinüber, wo Susi, die heute die Rezeption machte, mit Becky und ihren Eltern plauderte.

„Ihr zwei könnt euch unterhalten, während wir hier die Formulare ausfüllen“, meinte Beckys Mutter lächelnd.

Lea war erleichtert. Becky hatte ihrer Mutter scheinbar nicht erzählt, wie mürrisch Lea die Woche über gewesen war. „Hallo …“, begrüßte sie Becky.

„Hi“, antwortete ihre Freundin und starrte sie an. Dann zog sie Lea hinüber zu der Wand mit den Fotos von jenen

Hunden und Katzen, die vor Kurzem ein neues Zuhause gefunden hatten. „Lea, ist irgendwas los?“, fragte sie. „Hast du was gegen mich?“

Lea wurde rot und starrte auf ihre Füße. „Nein … Ich …“ Sie wusste nicht, was sie sagen sollte.

„Hast du doch!“, rief Becky. „Die ganze Woche warst du so merkwürdig. Was ist los? Was hab ich getan?“

Lea seufzte. „Nichts. Gar nichts. Ich weiß, dass ich komisch war, aber das hat nichts mit dir zu tun. Es ist mein Fehler. Ich war neidisch … neidisch, weil du einen Hund bekommst und ich nicht. Bei uns zu Hause kann sich niemand um einen Hund kümmern, und Kira hasst Hunde sowieso. Es tut mir leid, dass ich so schrecklich zu dir war.“

„Ach, Lea.“ Becky umarmte ihre Freun-

din ganz fest. „Warum hast du denn nichts gesagt?“, fragte sie. Sie trat einen Schritt zurück und schaute Lea erstaunt an.

„Ich hätte das doch verstanden!“

„Ich fühlte mich einfach schlecht“, murmelte Lea. „Und ich wollte nicht mit dir darüber reden. Du warst so begeistert …“

Becky seufzte. „Ich hab gar nicht daran gedacht, dass es dich traurig machen könnte“, gab sie zu. „Und ich hab nicht aufgehört?“

Lea kicherte ein klein wenig. „Nee. Die ganze Zeit nicht.“

Eine Stimme hinter ihnen unterbrach das heikle Gespräch. Es war Beckys Vater. „Seid ihr bereit, ihr zwei?“, fragte er. „Ich möchte jetzt diese wunderbaren Welpen sehen, von denen ihr mir erzählt habt!“

Becky schaute Lea ängstlich an, aber Lea nickte. Sie brachte sogar ein Lächeln zustande, das halbwegs echt aussah. „Kommt mit!“

Sie gingen den Gang hinunter zum Verschlag der Welpen. Lea erblickte Tante Jo, die gerade mit den dreien auf dem Arm vom Hof hereinkam. „Da sind sie“, sagte sie zu Beckys Vater und streckte den Arm aus. „Sie haben draußen gespielt.“

Nun sahen auch die Welpen den Besuch

und bewegten sich aufgeregt hin und her. Tante Jo lachte und kniete sich hin, damit die Welpen den Besuchern entgegenrennen konnten.

Cookie lief vorneweg und mit ihren kurzen Beinchen direkt auf Lea zu. Lea hätte sie nur zu gerne auf den Arm genommen und gestreichelt. Aber jetzt war erst mal Becky dran.

Doch Becky beachtete Cookie überhaupt nicht. Sie kniete sich hin und streckte die Arme aus. Rolli lief zu ihr hinüber und stand dann vor ihr, die Vorderpfoten auf ihre Arme gestützt. Er bellte mehrmals kurz, es klang aufgeregt und glücklich. Er leckte Beckys Wange und sprang auf und ab, als wäre sie das Beste, was ihm je begegnet war.

„Er erinnert sich an mich!“, rief Becky erfreut. „Ich habe ihn nur ein Mal gesehen, aber er erinnert sich tatsächlich! Ach, Papi, magst du ihn? Er heißt Rolli, und er ist der Tollste von allen. Können wir ihn mit nach Hause nehmen? Bitte!“

Achtes Kapitel

Lea sah lächelnd zu, wie Becky den kleinen Rolli an sich drückte. Wohlig wand er sich in ihren Armen. Nun würde also jemand Fremdes Cookie mit sich nehmen, dachte Lea traurig. Und sie könnte nicht mitbekommen, wie ihre wunderbare Kleine zu einer schönen Hündin heranwachsen würde.

Cookie tappte mit den Pfoten erwartungsvoll an Leas Bein. Sie wollte auch auf den Arm. Sie merkte, dass Lea traurig war, wusste aber, dass sie das Mädchen aufmuntern konnte. Als Lea sie endlich hochnahm, stellte sie sich auf die Hinterbeine und rieb ihre haarige Nase an Leas Wange. Das brachte sie immer zum Lachen.

„Du bist wirklich süß“, murmelte Lea, klang aber keineswegs glücklicher.

Cookie schaute interessiert zu, wie das Mädchen, das mit Rolli geschmust hatte, ihm jetzt ein paar Leckerlis gab. Dann setzte sie ihn in eine Art Kiste, die aussah wie ein kleiner Verschlag mit einem Drahtgitter vorne. Cookie zitterte ein wenig und vergrub ihre Schnauze in Leas Nacken. Es erinnerte sie an die Kiste, in

der sie alle eingeschlossen gewesen waren. Das schien schon lange her zu sein.

Rolli schaute verwirrt drein und wimmerte. Aber das Mädchen steckte ihm noch weitere Leckerlis durch das Gitter zu, und dann hob der Mann, der mitgekommen war, die Kiste an und trug Rolli durch den Gang davon.

Cookie jaulte vor Überraschung leise auf. Sie konnten fortgehen? Rolli und das Mädchen und die anderen beiden Leute? Sie verstand nicht. Wenn die das Tierheim verlassen konnten, warum nahm Lea sie dann nicht mit? Vielleicht würde sie das tun! Vielleicht würden sie alle von hier fortgehen! Cookies Schwanz schlug aufgeregt durch die Luft.

„Nun, das lief doch prima, was?“, sagte Tante Jo richtig erfreut. „Übrigens, Lea, wollte ich dir noch sagen, dass mich eine

Familie angerufen hat und nach Welpen fragte. Die Leute klangen sehr nett am Telefon. Sie wollten einen männlichen Welpen – das wärst du, Schoko." Sie blickte den Hund an, den sie auf dem Arm hielt. Er bellte, als er seinen Namen hörte. „Ja, genau du! Morgen kommen sie, um dich zu begutachten, mein Süßer. Das wird schon was mit dir."

Lea nickte. Dann wäre also nur noch Cookie da, aber bestimmt auch nicht mehr lange.

„Schau mal, da kommt Kira mit deiner Mama", bemerkte Tante Jo und öffnete die Verschlagtür, um Schoko abzusetzen.

Lea seufzte und ging zum Verschlag hinüber, um auch Cookie wieder einzuschließen. Sie hatte ganz vergessen, dass Mama schon etwas früher kommen wollte, um sie abzuholen. Sie wollte mit ihren

Töchtern einkaufen gehen – Lea brauchte neue Schuhe für die Schule. Lea hatte versucht, ihre Mutter zu überreden, die Schuhe einfach für sie zu kaufen. Das wollte ihre Mutter aber nicht.

Cookie zappelte wie wild auf Leas Arm und wimmerte. Sie wollte nicht zurück in den Verschlag – sie wollte bei Lea bleiben!

Jemand hatte schon Rolli abgeholt. Sie aber gehörte zu Lea.

„Was ist denn los?", fragte Lea aufgeregt. Sie hielt Cookie fest im Arm und wich vom Verschlag zurück, denn der schien die Kleine aus der Fassung zu bringen.

„Geht's Cookie gut?", fragte die Mutter besorgt. Gerade war sie mit Kira im Gang aufgetaucht und eilte jetzt zu Lea hinüber.

„Sie wurde ganz unruhig, als ich sie in den Verschlag zurückbringen wollte."

Lea drückte Cookie zärtlich an ihre Schulter. Sie fühlte das schwere Atmen, das Zittern des Körpers.

„Vielleicht ist sie traurig, weil Rolli fort ist.“ Sie runzelte die Stirn. „Alles in Ordnung, Cookie, ganz ruhig“, flüsterte sie. Doch dann stiegen ihr Tränen in die Augen. „Ich sage ihr, dass alles gut wird, aber das stimmt doch gar nicht“, schluchzte sie und blickte zu ihrer Mutter und Tante Jo hinüber. „Rolli hat ein neues Zuhause, und Schoko geht wahrscheinlich morgen fort, und dann ist nur noch Cookie hier. Und bald kommt jemand und holt sie, und wir sehen sie nie wieder.“

Tante Jo sah nachdenklich aus. „Ich frage mich, ob sie weiß, was hier vor sich geht. Einige Hunde scheinen es tatsächlich zu begreifen, sie sind viel klüger, als wir annehmen. Vielleicht will sie deshalb nicht in den Verschlag zurück.“

„Aber sie muss doch“, sagte Lea bekümmert. „Was sollen wir denn tun? Meinst du, es ist besser, wenn wir sie in einen anderen Verschlag bringen?“

Tante Jo warf der Mutter einen Blick zu und schüttelte den Kopf. „Nein. Um ehrlich zu sein, glaube ich, dass es am besten wäre, wenn du sie zu dir nach Hause mitnimmst.“

„Aber dann wäre es noch schwerer für sie, wieder hierherzukommen.“ Lea wischte sich die Tränen ab und verstand nicht so recht, was ihre Tante sagte.

„Es sei denn, wir behalten sie“, sagte die Mutter, indem sie einen Arm um Leas Schultern legte und Cookie über den Kopf strich.

Lea schaute verdutzt drein. „Aber am Tag ist doch niemand da, um nach ihr zu sehen."

Ihre Mutter blickte zu Tante Jo hinüber. „Wir haben das schon besprochen. Ich habe deiner Tante erzählt, wie besorgt ich war, weil du dich so in Cookie verguckt hattest und es nicht ertragen würdest, wenn sie zu jemand anderem käme."

„Und ich habe deiner Mutter gesagt, dass du so gut mit Hunden zurechtkommst und es darum verdient hättest, einen zu bekommen", meinte Tante Jo.

„Also haben wir einen Plan ausgearbeitet", fügte die Mutter hinzu.

„Am Tag kann Cookie hier bei mir sein, wenn ich arbeite", erklärte Tante Jo. „Sie bekommt einen Korb unter meinem Schreibtisch, und in der Mittagspause gehe ich mit ihr spazieren."

„Und was ist mit Kira?“, fragte Lea, indem sie ihrer Schwester einen Blick zuwarf.

„Vor Cookie habe ich keine Angst“, sagte Kira. „Sie ist echt süß. Mama hat mir erzählt, wie sehr du an ihr hängst – es war meine Idee, dass wir sie nehmen. Darum wollte ich sie mir letzte Woche anschauen.“

„Tatsächlich?“ Mit riesengroßen Augen starrte Lea die drei an. „Kein Scherz? Wir können Cookie haben? Wir – wir können sie jetzt mit nach Hause nehmen?“, flüsterte Lea und wagte kaum auf ein Ja zu hoffen.

Tante Jo lächelte. „Na ja, sie will offensichtlich nicht in den Verschlag zurück. Ich kann hierbleiben und mich um den armen alten Schoko kümmern, damit er sich nicht so allein gelassen fühlt. Und ihr könnt euch Futter- und Wassernapf und andere Sachen ausleihen, bis ihr was Eigenes habt.“

Lea nickte und überlegte, wie viel Taschengeld sie gespart hatte. Sie würde alles für Cookie in der Tierhandlung ausgeben, und die Kleine sollte die schönsten Sachen kriegen, die sie finden konnte.

„Du kommst mit uns nach Hause“, flüsterte sie Cookie ins Ohr. „Wirklich und wahrhaftig."

Cookie rieb ihre feuchte schwarze Nase an Leas Wange und schaute erwartungsvoll zur Tür.

„Schau sie dir an! Es geht ihnen prächtig", sagte Lea und lachte die beiden kleinen braun-weißen Hunde an – Rolli und Cookie. Wer hätte das gedacht? Sie standen am Fuß eines mächtigen Baums, sprangen auf und ab und bellten sich fast heiser.

„Ob Schoko wohl auch so gerne Eichhörnchen jagt?", fragte Becky. „Vielleicht begegnen wir ihm irgendwann hier im Park."

Lea nickte. „Bestimmt jagt er sie gerne. Und bestimmt fängt er nie eins."

Das Eichhörnchen saß jetzt hoch oben im Baum und schaute mit leiser Verachtung auf die Hunde herab. Sie waren nie auch nur in seine Nähe gekommen, und mittlerweile schien es sich fast zu langweilen. Es sah aus, als wollte es gähnen.

Schließlich gaben Cookie und Rolli die

Jagd auf und trabten zu Lea und Becky zurück.

„Cookie hat ihn beinah eingeholt", bemerkte Becky. „Sie ist schon fast so groß wie er. Vielleicht wird sie sogar größer!"

„Vielleicht", stimmte Lea zu. „Sie sind erst mit neun Monaten ausgewachsen, manchmal auch erst mit einem Jahr. Jetzt sind sie vier Monate alt, also können sie noch mindestens fünf Monate wachsen. Eines Tages bist du ein Riesenhund, was?" Sie kniete sich nieder, zauste Cookie liebevoll an den Ohren und streichelte ihr über den Rücken.

Becky kicherte. Vielleicht war Cookie irgendwann größer, aber jetzt waren sie und Rolli noch klein. Nicht, dass die beiden sich selbst für klein hielten. Sie stolzierten durch den Park, als wären sie die wichtigsten Hunde überhaupt.

„Jetzt würden sie nicht mehr in die Kiste passen“, sagte Lea plötzlich und schaute zu Becky hoch.

Becky schüttelte den Kopf. „Ich kann mir immer noch nicht vorstellen, wie jemand sie einfach aussetzen konnte. Aber ich bin froh, dass deine Tante und du sie gefunden habt.“

Lea nickte und kraulte Cookie unterm Kinn. Cookie schloss selig die Augen und schlug mit dem Schwanz auf den Boden.

„Ich weiß. Ich bin auch froh.“